Jochen G. Bielefeld

Mehr PS für Ihr Gehirn

Neue Kraft zum Denken

Gesund mit uns

Bircher-Benner Verlag

Aus dem Inhalt

Kennen Sie das auch?

Da kommt Ihnen auf der Straße einer entgegen, strahlt Sie an, grüßt Sie freundlich, und Ihnen fällt partout der Name nicht ein. Wie peinlich! Oder Sie wollen im Keller einen Wein holen, stellen bei der Gelegenheit die Waschmaschine ab und fragen sich in der Wohnung mit leeren Händen, was Sie eigentlich im Keller wollten. Die absolute Horrorvision ist die von der Urlauberin aus Hamburg, die kurz vor der italienischen Grenze fragt: „Habe ich eigentlich das Bügeleisen ausgemacht?"

Jetzt geht´s los, jetzt komme auch ich in das Alter, wo das große Vergessen beginnt! Die Demenz des Großvaters kommt Ihnen in den Sinn, und über Alzheimer liest man ohnehin schon immer öfter in der Zeitung.

Keine Angst, das Vergessen ist ein Zeichen der schnelllebigen Zeit mit Stress, ständiger Zeitknappheit und einer Überfülle von Informationen, die das Gehirn „zumüllen". So, wie die Dateien auf einer schlecht organisierten Computerfestplatte. „Memory overflow", Speicher voll, meldet irgendwann der Computer und fordert zum Entrümpeln auf. Das menschliche Gehirn jedoch entscheidet

selbst, was es speichert und wann es dieses wieder preisgibt. Und entrümpeln lässt es sich schon gar nicht. Allerdings trainieren und zwar, je früher desto besser!

Neuer Beruf Gehirntrainer

Das haben jetzt auch die Trainer für allerlei Lebensprobleme entdeckt. Noch nie wurden so viele Kurse und Seminare für „Gehirn-Jogging" angeboten wie in diesen Tagen. Die billigste und einfachste Methode ist dagegen gar nicht neu: Das nach dem „Mensch-ärgerdich-nicht" beliebteste und meistverkaufte Gesellschaftsspiel mit den Gedächtniskärtchen „Memory" feierte in diesem Jahr seinen 45. Geburtstag.

Vergesslichkeit wird immer jünger

Es ist heutzutage keineswegs eine Alterserscheinung oder ein biologisch unabwendbarer Zwang, wenn das Gedächtnis Schwierigkeiten macht. Auch nicht gleich ein beginnender Alzheimer.

Im Gegenteil: Die jüngeren Menschen sind heute vergesslicher als die alten. Am schlimmsten ist es bei den 14- bis 29-Jährigen, fand vor kurzem der Bielefelder Gehirnforscher Professor Hans Marcowitsch heraus: „Nur 32% von ihnen können sich noch daran erinnern, was sie vor einer Woche getan haben! Bei den 60-Jährigen dagegen wussten es immerhin 59%". Er führt das auf die steigende allgemeine Reizüberflutung zurück. Ohne „Hirnkrücken", wie Organizer, PC oder Handy, kriegen die ihre Tage schon gar nicht mehr geregelt", lästert die Frankfurter Rundschau über die jüngere Generation.

Nicht mehr „zu Fuß" rechnen können

Ich erinnere mich an ein Stammtischgespräch unter Universitätsprofessoren in Mainz. Ein Wissenschaftler schwärmte von einem jungen Studenten, der sich durch außerordentliche Erfolge bei Versuchen hervortat. „Ein wahres Genie", bemerkte der „Prof". Eines Tages musste das Genie passen, weil der Taschenrechner neue Batterien brauchte, die man zu später Stunde dort nicht mehr kaufen konnte. „Die Leute können heute einfach nicht mehr zu Fuß rechnen", war der passende Kommentar.

Die grauen Zellen wollen bewegt werden

Zwar verlangt niemand, dass sich der Kopf als wissenschaftlicher Rechner betätigt; ein wenig mehr merken könnten wir uns schon, anstatt alles irgendwelchen elektronischen Helfern zu überlassen. Gehirnjogging statt immer mehr Denkfaulheit für die grauen Zellen, bringt mehr geistige Frische sogar bis ins hohe Alter, wie genügend Versuche es immer wieder gezeigt haben.

Mit diesem Büchlein aus der „Gesund mit uns"-Reihe erhalten Sie interessante und neue Informationen über das Gehirn. Ebenfalls Tipps zur Erhaltung der geistigen Frische und konkrete Empfehlungen für Bestandteile in unserer Ernährung, die für unsere Denkzentrale wichtig sind.

Futter für die grauen Zellen

Denn für den vielleicht wichtigsten Teil unseres Körpers mit den grauen Zellen – die man nach ihrer Farbe so nennt – entscheiden letztlich viele Vitalstoffe für die optimale Funktion. Und diese müssen durch möglichst vollwertige Lebensmittel und – wo dies nicht möglich ist – durch spezielle Nahrungsergänzungsmittel zugeführt werden. In den USA spricht die Wissenschaft schon längst von „Brain Food"; auch bei uns setzt sich der Begriff durch.

Bis auf Glukose (Traubenzucker) hat das Gehirn keinen Vorratsspeicher und ist auf die Stoffe angewiesen, die das Blut enthält bzw. transportiert. Dies ist auch der Grund, warum bei alten Menschen, die weniger Nahrung zu sich nehmen, ein Mangel wichtiger Nährstoffe für den Gehirnstoffwechsel auftreten kann. Genau wie übrigens bereits bei Kindern durch ausschließlichen Verzehr von hohlem Zuckerzeug und Fast Food.

Gehirn-News täglich neu!

Wir leben in einer spannenden Zeit, in der weltweit Wissenschaftler an der Entschlüsselung von Denkfunktionen arbeiten wie nie zuvor. Der wichtigste Rat zur Entwicklung der Gehirnfunktionen und das möglichst lange Erhalten des Erworbenen ist die einfache Weisheit „Use it or loose it", zu deutsch „Nutze es oder verliere es".

Use it or loose it, heißt die Alternative!

Kein anderer Teil unseres Körpers bietet mehr Überraschungen, die nur ungefähr ahnen lassen, was sich hinter dem Organ mit der walnussartigen Oberflächenstruktur und der puddingähnlichen Konsistenz versteckt, das gutgeschützt und flüssigkeitsgedämpft vom menschlichen Schädel umschlossen ist und salopp-scherzhaft als „Birne" bezeichnet wird. Dieses Wunderwerk der Schöpfung ist der „wesentliche" Teil des Menschen, wenn man diesen Ausdruck heute noch zu verstehen weiß.

Zum Einlesen möchte ich Ihnen, nachfolgend auf das Wichtigste verkürzt, eine Auswahl von Erkenntnissen und Anstößen aus der Gehirnforschung vorstellen, die allein in den letzten Wochen und Monaten an die Öffentlichkeit gelangt sind. Wenn dies bei Ihnen den Spaß weckt, in Zukunft in der morgendlichen Tageszeitung, in kompetenten Illustrierten oder im Fernsehen verstärkt auf „Brain-News" zu achten, dann ist das schon der erste wichtige Einstieg für Ihr persönliches Gehirn-Jogging.

+++ **Kleinkinder beim Memory unschlagbar.** Durch eine andere Lernstrategie sind schon 5-Jährige beim Memory-Spiel den Erwachsenen voraus. Während bei Studien die Erwachsenen mit ihrem Wissen die Bilder in Kategorien einteilten, aber dabei Einzelheiten kaum Beachtung schenkten, versuchten die Kinder Ähnlichkeiten herauszufinden, indem sie die Bilder viel genauer betrachteten. Dabei kamen Trefferquoten von bis zu 31% zustande, gegenüber Studenten mit ihrem höheren Wissen, die nur 7% richtig zuordneten.

+++ **Ausgleich für die Frauen.** Forscher können jetzt erklären, warum die Großhirnrinde bei Frauen stärker gefurcht und gefaltet ist, als die von Männern. So gleicht die Evolution durch Vergrößerung der Oberfläche die kleinere Gesamtmasse des weiblichen Hirns gegenüber dem männlichen aus.

+++ Gehirnzellen bilden sich doch neu. Die bisherige These, nach der sich im erwachsenen Hirn keine neuen Zellen mehr bilden können, wurde durch neue Forschungsergebnisse widerlegt. Im Gehirn von Affen haben die betroffenen Nervenzellen neurologische Schäden in der Signalübertragung zur Großhirnrinde durch neue Verbindungen zu weiter entfernt liegenden Neuronen (Nervenzellen) ausgeglichen.

+++ Zahl der grauen Zellen entscheidend. Die Menge der als graue Zellen bezeichneten Nervensubstanz in bestimmten Regionen des Gehirns ist für die Intelligenz entscheidender als die Größe der Gesamtmasse des Gehirns.

+++ Flirten erfreut das Gehirn. Der direkte Kontakt von Auge zu Auge spielt bei Aufnahme und Bewertung sozialer Kontakte eine größere Rolle als nur Attraktivität alleine. Britische Forscher haben entdeckt, dass eine bestimmte Region im Gehirn immer dann aktiviert wird, wenn der Betrachter den direkten Blick eines für ihn attraktiven Menschen auffängt.

+++ Ältere merken sich Unwichtiges. Ältere Menschen sollen vergesslicher sein als jüngere. In Wirklichkeit merkt man sich mit steigendem Alter viele unwichtige Dinge, die Gehirnkapazität binden. Jüngere Menschen können nur deshalb mehr wichtige Informationen aufnehmen, weil sie in der Lage sind, für sie Unwichtiges schneller zu vergessen.

+++ Mit Neuromarketing Verbraucher manipulieren. Kaum haben die Hirnforscher ihre Sternstunde durch neue Entdeckungen, schon versuchen Marketing- und Werbeleute, neue Möglichkeiten der Verbraucherbeeinflussung in Kaufwünsche umzusetzen. Ein neuer Berufszweig Neuromarketing versucht Methoden der Hirnforschung auf die Konsum- und Werbewelt umzusetzen.

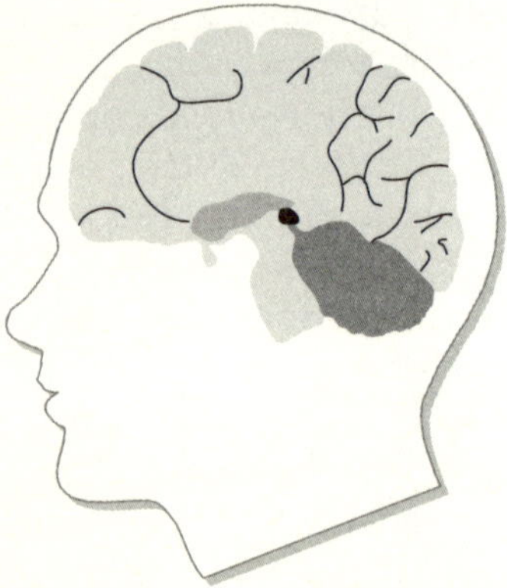

Der Chef vom Ganzen

Das Gehirn ist die Steuer- und Informationszentrale für den ganzen Körper. Das, was man oft so salopp als Birne oder Erbse bezeichnet, ist ein Wunderwerk der Schöpfung, das auch nicht annähernd von der modernen Computertechnik erreicht wird. Das oft bewunderte Elektronengehirn moderner Supercomputer ist dagegen nichts weiter als eine traurige Krücke, die einem in Teilbereichen zwar ein wenig Arbeit abnimmt, dafür eine ständige und vor allem zeitraubende Quelle von Ärger ist.

Das Gehirn ist zugleich von allen Organen das aktivste und schläft nie. Seine Zellen verbrauchen einen Großteil des Energiestoffs Glukose (Traubenzucker) um daraus Energie herzustellen. Allein 20% des sauerstoffreichen Blutes werden vom Herz durch das Gehirn gepumpt. Wird die Blutversorgung und damit die Sauerstoffzufuhr auch nur für knapp 10 Sekunden unterbrochen, verlieren wir unser Bewusstsein; ein längerer Sauerstoffmangel kann schwerste irreparable Gehirnschäden oder den Tod bedeuten.

1/5 des Sauerstoffs braucht das Gehirn!

Die ganze Gehirnmasse aus rosa-grauen Zellen wiegt durchschnittlich 1.300 g bei Frauen und 1.400 g bei Männern, wobei die besondere Strukturierung der Gehirnwindungen bei der Frau den Gewichtsunterschied ausgleicht. Die Gehirnmasse besteht aus der ungeheuren Zahl von ca. 10 Milliarden Nervenzellen, sog. Neuronen, die alle geistigen Fähigkeiten und Funktionen steuern und die untereinander sinnvoll verknüpft sind.

Was Hänschen nicht lernt...

Bereits bei der Geburt sind alle Neuronen im Gehirn vorhanden. Für das spätere Funktionieren müssen aber erst die Verbindungen zwischen den Nervenzellen aufgebaut werden. Diese, für die spätere gesamte Gehirnfunktion notwendige Vernetzung, geschieht durch das Lernen. Dabei werden einzelne Reize von einer Vielzahl von Neuronen gespeichert und können bei Bedarf wieder abgerufen werden. Der bekannte Ausdruck „Was Hänschen nicht lernt, lernt Hans nimmermehr" hat zumindest in der ersten Prägungsphase der Gehirnzellen seine Berechtigung. Es zeigt allerdings auch, dass eine falsche Ernährung im frühesten Lebensalter die Entwicklung der späteren Gehirnfunktionen beeinträchtigen kann.

Was unser „Ich" ausmacht

Hunderttausende von Funktionen des menschlichen Gehirns werden perfekt und individuell verrichtet von der Steuerzentrale für alle Lebensfunktionen, ohne die wir nicht leben könnten und die quasi unsichtbar für uns verlaufen, im Gegensatz zu Bewegung, Schlaf, Hunger oder Durst. Im Gehirn entstehen aber auch alle Emotionen wie Liebe, Hass, Zuneigung, Abneigung, Freude, Trauer und Angst und letztlich damit unsere gesamte individuelle Persönlichkeit.

Anatomisch unattraktive Denkmaschine

Der anatomische Aufbau dagegen erscheint äußerlich vollkommen, aber unspektakulär. Im Gegensatz zur phantastischen Rolle der fast schon göttlich zu nennenden Funktionsvielfalt, weckt die darmähnlich aussehende Gehirnmasse höchstens einfache Emotionen, was jedoch auf der Rationalität und Praktikabilität von Mutter Natur beruht. Was drinnen liegt, muss funktionieren. Schönheit empfindet höchstens der Chirurg.

Das Gehirn besteht, einfach betrachtet, aus drei untereinander verbundenen Sektoren: Großhirn, Kleinhirn und Hirnstamm sowie weiteren Teilbereichen.

Das Großhirn (Telencephalon) macht mit ca. 85% der Gesamtmasse den größten Teil aus und ist zugleich der am höchsten ent-

Die zwei Gehirnhälften
(Hemisphären)

Die **linke** Gehirnhälfte kontrolliert die rechte Seite des Körpers und ist zuständig für

Die **rechte** Gehirnhälfte kontrolliert die linke Seite des Körpers und ist zuständig für

Verstand
Logik
Zahlen
Daten
Lesen
Rechnen
Details
Vernunft
Bildung

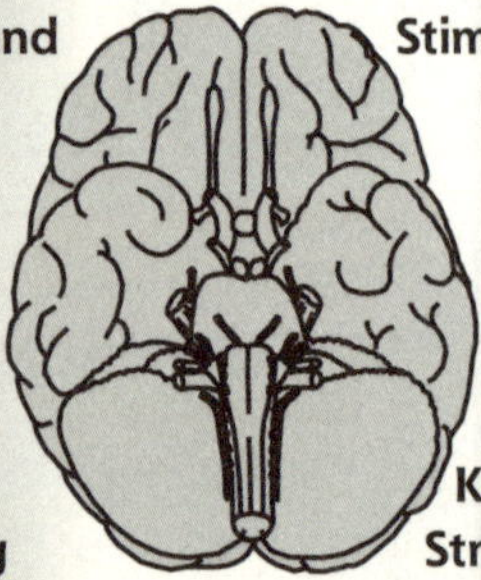

Stimmung
Emotion
Instinkt
Intuition
Töne
Bilder
Neugier
Kreativität
Strukturen

Die wichtigere Hälfte für **Mathematiker, Wissenschaftler, Analytiker, Lehrer**

Die wichtigere Hälfte für **Designer, Maler, Musiker, Feinschmecker** wickelte Bereich des Gehirns. Die große Oberfläche zusammen mit der hochentwickelten Zellschicht macht auch äußerlich den Unterschied in der Intelligenz des Menschen gegenüber den Tieren aus. Lediglich bei den Primaten, z. B. den Rhesusaffen, kann man gewisse grundsätzliche Ähnlichkeiten feststellen.

Das Großhirn ist in eine rechte und linke Hälfte getrennt, mit einer ca. vier Millimeter dicken Außenschicht. Diese als Cortex (Gehirnrinde) bezeichnete Schicht aus grauer Gehirnsubstanz ist durch Nervenfasern vernetzt, jedoch in einzelne Funktionsfelder aufgeteilt. Neurologen haben die Felder eingegrenzt für Gehirntätigkeiten. Wie z. B. willkürliche Bewegungen, Gedächtnis, Sinneswahrnehmungen, Sprache, Hören, Sehen und andere kognitive, d. h. die Wahrnehmung und Erkenntnis betreffende Eigenschaften.

Großhirn an Kleinhirn: Entspannen

Das Kleinhirn liegt unter dem Großhirn im hinteren Teil des Schädels und besteht außen aus grauen, innen aus weißen Zellen. Es ist zuständig für die Koordination aller Bewegungen und Steuerzentrale für die unbewusste Aufrechterhaltung des Gleichgewichts und die bewusste Körperanspannung. Sämtliche motorischen Tätigkeiten, vom Sport bis zum Schreiben oder Musizieren, sind daher vom Kleinhirn abhängig. Wer kennt nicht die legendäre Kabarettnummer des Komikers Otto „Großhirn an Kleinhirn: Faust einfahren, Streit beenden, freundlich sein“, mit der dieser die Gehirnfunktionen genauso treffend wie populär darstellt?

Der Hirnstamm gliedert sich in die Teile Zwischenhirn, Thalamus als zentrale Schaltstation für die sensorischen und motorischen Funktionen und des vegetativen Nervensystems. Der Hypothalamus beherbergt das Hormonsystem und stellt die Schaltfunktion zu anderen Gehirnregionen her. Von dort werden auch der Blutdruck und die Körpertemperatur kontrolliert. Die Zirbeldrüse oder Epiphyse regelt die biologische Uhr.

Abruf von Erinnerungen

Einige Teile von Thalamus, Hypothalamus, Mittelhirn und benachbarte Regionen bilden eine wichtige Funktionseinheit des Gehirns, das lymbische System. Sie sind über Nervenfasern miteinander verknüpft, steuern Muskelbewegungen, setzen Sinneswahrnehmungen um und kontrollieren Speicherung und Abruf von Erinnerungen. Viele psychiatrische Störungen haben ihre

Dann kommt die Erinnerung...

Ursache durch Fehlfunktionen bei der Neuproduktion, der Wirkung und beim Abbau der Neurotransmitter (Botenstoffe) im lymbischen System.

Wir haben uns aus Platzgründen auf wesentlichen Funktionen des Gehirns beschränken müssen. Alles zu behandeln, bedürfte vieler Fachbücher. Schon hiermit wird deutlich, wie unheimlich komplex und vielfältig unser Körperorgan Gehirn für unser Leben ist.

Perfekter Schutz ist wichtig

Wegen seiner Empfindlichkeit ist das Gehirn von den harten Knochen des Schädels umgeben. Zum Schutz gegen Stöße und Erschütterungen schwimmt es flüssigkeitsgelagert im schon erwähnten „Liquor".

Perfekt geschützt und flüssigkeitsgelagert

Diese Flüssigkeit ist klar und besteht aus Wasser, Kochsalz, Proteinen und Glukose mit einer Gesamtmenge von ca. 150 ml. Täglich wird fast ein halber Liter dieser Flüssigkeit neu produziert. Der Liquor hat verschiedene Aufgaben:

- mechanischer Schutz gegen Stöße, wie z. B. Gehirnerschütterung,
- durch den Auftrieb Verminderung des Drucks auf das Gehirn,

- Ausscheidung von Abfallstoffen ins Blut,
- Speicher für bestimmte Hormone.

Damit nichts Unerwünschtes in das Gehirn gelangt, gibt es die Blut-Gehirn-Schranke, die allerdings bestimmte Stoffe mit kleinen Molekülen, wie z. B. Glukose, Sauerstoff oder Hormone, aber auch bestimmte Rauschgifte durchlässt.

Zum weiteren Schutz ist das Gehirn von drei Hirnhäuten umgeben: der harten Hirnhaut oder dura mater. Die feinere Spinngewebshaut (arachnoidea) enthält Blutgefäße und der Zwischenraum ist mit Liquor gefüllt. Die weiche Hirnhaut (pia mater) schließlich ist zuständig für die Versorgung mit Nährstoffen aus der Gehirnflüssigkeit.

Kleine Schläge auf den Hinterkopf fördern nicht das Denkvermögen

Obwohl das Gehirn von der Natur einigermaßen mechanisch geschützt ist, sollten wir jedoch mit dem sehr empfindlichen Komplex, der schließlich unsere Lebensgrundlage darstellt, sorgsam umgehen.

Auch leichte Schläge auf den Hinterkopf erhöhen schließlich nicht das Denkvermögen, wie man heute weiß.

Manches haben wir nicht in der Hand, wenn es um psychische und physische Gehirnerkrankungen geht. Vorbeugen können wir allerdings schon mit unserer persönlichen Lebensweise, wenn es zum Beispiel darum geht, dem gefürchteten Schlaganfall vorzubeugen oder einer vorzeitigen Demenz Paroli zu bieten. Man sollte schon frühzeitig damit beginnen, wenn man noch gesund ist.

Ernährung und Intelligenz

Unser Gehirn verrichtet den Großteil seiner Arbeit eigentlich unmerklich, automatisch und immer perfekt. Wir merken unser Gehirn oft erst, wenn wir uns nichts mehr merken, wenn wir ausgepowert sind und immer häufiger nach den passenden Wörtern oder Gedanken suchen.

Bei Bedarf: Notabschaltung

Nach einer durchgefeierten Nacht oder nächtelangen Überstunden am Computer kommt es zum gefürchteten Blackout. Das ist nicht der, den Politiker auf Kommando hervorziehen, um sich an nichts mehr erinnern zu müssen. Es ist vielmehr eine Art Notabschaltung des Gehirns, wenn ihm Sauerstoff, notwendige Nähr- und Energiestoffe oder einfach genügend Schlaf zum Regenerieren fehlen. Das Gefährliche ist, dass sich das Gehirn seine Pause nimmt, ohne es vorher anzukündigen. Wenn einem nach der langen Nachtfahrt mit dem Auto die Augen zufallen, dann heißt es „Alarm“ und sofort rechts ranfahren, sonst kann es die letzte Fahrt gewesen sein. Die Zeitungen stehen voll von schweren Bus- oder LKW-Unfällen, bei denen total überarbeitete Fahrer unmerklich eingeschlafen sind, weil das Gehirn auf Sparflamme schaltet.

Neue Wissenschaft macht von sich reden

Nahm man früher an, dass nur ausreichender Schlaf und frische Luft für ein waches Gehirn entscheidend sind, so weiß man erst seit einiger Zeit, dass eine richtige Ernährung ein weiterer wichtiger Faktor ist, um die grauen Zellen auf Trab zu halten. Die neue Disziplin der wissenschaftlichen Forschung, die sich zuerst in den USA unter dem Namen „Nutritional Neurosciences“ (nahrungsbezogene Gehirnforschung) bildete, hat bereits viele Zusammenhänge zwischen Ernährung und Intelligenz hergestellt, und täglich kommen neue sensationelle Erkenntnisse hinzu.

Dem Gehirn schmeckt nicht alles

Auch in unserem Lande, in dem bereits im Mittelalter findige Leute in Nürnberg versucht haben, dem Menschen mit einem

Trichter den Lernstoff einzufüllen, ohne dass dieser sich anstrengen musste, nimmt die neue Disziplin erheblichen Platz in der medizinischen Forschung ein. Einer der Schwerpunkte ist dabei die Erforschung der Wirkung von Nahrungsbestandteilen auf die Gehirnfunktion. Besonders interessant ist hierbei die Aktivierung der Intelligenz und der Schutz vor frühzeitiger Demenz oder gar Alzheimerscher Krankheit. Denn offenbar haben die Nürnberger mit ihrem Trichter prinzipiell Recht bekommen, wenn heute festgestellt wird, dass die Gehirnfunktion wesentlich vom „Futter für die Birne", wie es die Jugend so salopp ausdrückt, beeinflusst wird.

Lernen mit dem Nürnberger Trichter

Der Alzheimer-Experte am Heidelberger Zentrum für Molekulare Biologie, Professor Konrad Bayreuther, teilt mit Kollegen die Auffassung, dass das Gehirn wie kaum ein anderes Organ auf ausreichende und richtige Nahrungszufuhr angewiesen ist. Mit nachlassender Qualität der Nahrung steige das Risiko für Geist und Gedächtnis sowie für die Psyche.

Fehlende Inhaltsstoffe und eine Fülle von chemischen Zusätzen, von Aromastoffen über Farbstoffe und Geschmacksverstärker bis zu anderen synthetischen Zusatzstoffen, gaukeln auch bei minderwertigen Rohstoffen eine scheinbare Lebensmittelqualität vor, die eigentlich einen Mangel darstellt. Geiz ist hier alles andere als geil! Doch die Masse weiß es ja nicht und wird damit auf Dauer noch dümmer!

Kunst-Lebensmittel machen dumm

Der US-Forscher aus dem Land des Junk Food, Professor Andres Stola, geht sogar so weit, zu sagen, dass die starken Veränderungen in der Ernährung zu den steigenden Fällen psychiatrischer Erkrankungen in der ganzen Welt entscheidend mit beigetragen haben.

So fehlen bestimmte Fettsäuren die Omega-3-Fettsäuren, worunter gut 80% der Nordamerikaner leiden. Rinder, die mit Kraftfutter gemästet werden, bringen es nur noch auf 2% der wertvollen Fettsäuren, während das Fleisch von natürlich lebendem Vieh in afrikanischen Steppen noch 30% enthält. Bei unserem Bio-Fleisch dürfte es ähnlich sein.

Paradox: Mangel durch Kraftfutter

Fast jedes Fertiggericht, sogar Knabbersachen wie Chips, sind mit bedenklichen Geschmacksverstärkern, Farb- und Aromastoffen aufgepeppt. Wissenschaftler nehmen an, dass einige davon sogar Einfluss auf den Gehirnstoffwechsel nehmen können. Das in Chinarestaurants verwendete und bereits als Migräneauslöser gefürchtete Glutamat, selbst übrigens ein lebensnotwendiger Botenstoff im Gehirnstoffwechsel, ist in vielen Fertiggerichten und Gewürzmischungen in hohen Mengen als Geschmacksverstärker enthalten. Der Heidelberger Alzheimerforscher Konrad Beyreuther bezeichnet Glutamat sogar als Nervenzellgift. Es kann in größeren Mengen als Störfaktor für Steuerfunktionen, u. a. für Wachstum, Aufmerksamkeit und Lernvermögen, wirken.

Immer mehr Zusatzstoffe

Intelligenz ist essbar

Dass gesundes Essen geistige Leistungskraft und Intelligenz steigern kann, ist bewiesen. So hat man herausgefunden, dass bestimmte B-Vitamine, volkstümlich auch als Nervenvitamine bezeichnet, die Gehirnaktivität fördern, während ein Thiamin(B1)-Mangel sogar zu einem Absterben von Gehirnzellen führen kann. Bewiesen ist auch, dass die Zufuhr von Omega-3-Fettsäuren und dem Spurenelement Zink das Gehirn wachsen lässt. Auch von verschiedenen Mineralstoffen in der Nahrung erhoffen sich die Hirnforscher neue Erkenntnisse, auf Überraschungen kann man gespannt sein. Ebenso auf die Steigerung und Erhal-

Ständig neue Erkenntnisse

tung der Durchblutung der Kapillaren, der kleinsten Gehirngefäße, durch Pflanzenwirkstoffe, z. B. aus der fernöstlichen Gingko-Pflanze, deren Blattform bereits Goethe zu einem Gedicht beeindruckte.

Mit PS für mehr Leistung

Von aktuellem Interesse für die Gehirnforscher ist die Steigerung der Leistungsfähigkeit, konkret der Denk-, Merk- und Erinnerungsfähigkeit, durch das zur Gruppe der Phospholipide gehörende Phosphatidylserin, dessen verständliche Abkürzung PS unwillkürlich auf die Steigerung der Gehirnkraft hinweist. Nach einer kurzen Beschreibung der wichtigsten Nahrungsstoffe werde ich auf die aufsehenerregende Substanz näher eingehen.

Das richtige Futter für die „Birne"

Zunächst einmal möchte ich feststellen, dass es zwar möglich ist, durch die Auswahl bestimmter Lebensmittel die Gehirnleistung positiv zu beeinflussen.

Schlauer durch Essen wird man allerdings nicht, wenn die persönlichen Voraussetzungen fehlen. Auch wenn der neueste Trend mit Schlagworten und Buchtiteln wie „Iss dich klüger" oder durch Marketingsprüche wie „Mit Nudeln zum Genie" derartige Hoffnungen weckt. Ein unbegabter Schüler wird weder durch Brainfood zum Genie, genau wie ein älterer Mensch, der sein Gehirn ein Leben lang nur als Anhängsel benutzte, durch Wunderpillen nicht zum späten Philosophen wird!

Wer sich jedoch auch beim Gehirn an den einfachen Grundsatz „Der Mensch ist, was er isst" hält, kann eine Menge „schlafender Energie" für Geist und Gedanken wecken.

Serotonin für Glücksgefühle

Die wichtigste Rolle, was Gehirnleistung, Intelligenz, Merkfähigkeit und Konzentration angeht, sind Stoffe, die in engem Zusammenhang mit der Ernährung stehen, die sog. Neurotransmitter, zu deutsch Botenstoffe. Dazu zählt das allgemein als „Glücksstoff" bekannte Serotonin, das für Entspannung und Glücksgefühl und erholsamen Schlaf sorgt, vor allem aber das Denkvermögen und die Konzentration stimuliert.

meistzitierter Botenstoff

Für die Serotoninproduktion zuständig sind so genannte komplexe Kohlenhydrate, also Vollkornbrot statt Weißbrot, Kartoffeln, Reis, Nüsse, Ananas und Bananen. Auch das Stückchen Schokolade beschleunigt die Serotoninbildung. Ein Zuwenig an Serotonin, dazu Lichtmangel in der dunklen Jahreszeit, kann sogar zu Depressionen führen.

Endorphine, die körpereigenen Drogen

Endorphine sind das natürliche Rauschmittel des Organismus. Wenn der Marathonläufer wie euphorisiert läuft und läuft, dann sind Endorphine mit im Spiel, die Glücksgefühle auslösen und die Laune steigern. Ursprünglich sind diese Substanzen Notfallhelfer bei starken Schmerzen.

Euphorie als Notfallhelfer

Stark und deftig sind auch die Stoffe, aus denen der Körper den wichtigen Botenstoff bildet und ausschütten kann: Üppige, kalorienhaltige Mahlzeiten sind das richtige Essen. Das sollte allerdings nicht dazu führen, die Regeln für eine abwechslungs- und nährstoffreiche leichte Ernährung über Bord zu werfen. Den Dicken nützt auch die schönste Euphorie nur kurzfristig.

Acethylcholin, der Denkbeschleuniger

Das Acethylcholin ist der wichtigste Neurotransmitter im Nervenablauf. Es beschleunigt Denkprozesse und fördert das Gedächtnis. Es wird aus der Substanz Cholin gebildet, die vor allem im Sojalecithin und im Eidotter vorhanden ist. Ein Zuwenig an Lecithin bzw. Cholin führt zu einer Störung in der Weiterleitung von Informationen in den Nervenzellen. Genauer gesagt, die Denk- und Merkfähigkeit nimmt ab. Ein Prozess, der bereits im frühen Alter beginnen kann. Lecithin liefert das Cholin für den lebensnotwendigen Gehirn-Botenstoff Acethylcholin.

Vielseitiges Lecithin

Bereits vor über 150 Jahren entdeckte ein französischer Chemiker im Eigelb eine fettähnliche Substanz, die er nach dem griechischen Namen für Dotter, lekithos, Lecithin nannte. Lecithin ist fachlich im Wesentlichen das Gemisch von verschiedenen sog. Phospholipiden (Phosphatidylcholin, Phosphatidylethanolamin, Phosphatidylserin und Phosphatidylinositol). Das sind Verbindungen von Glycerin, Fettsäuren, Phosphorsäure und einem Alkohol. Eine dieser Substanzen, das Phosphatidylserin, abgekürzt PS, hat eine besondere Bedeutung unter den Lecithinbestandteilen und ist in hoher Konzentration in den Nervenzellen des Gehirns vorhanden. Dieser Stoff wirkt sich vornehmlich auf die Gedächtnisleistung des Gehirns, also die Denk- und Merkfähigkeit, aus.

PS stärkt Denk- und Merkvermögen

„Wenn wir zu wenig PS in den Gehirnzellen haben, dann funktioniert die Signalübertragung im Gehirn nicht", stellte Prof. Dr. Ernst Berger vom Wiener Neurologischen Krankenhaus Rosenhügel im ORF fest, „Das Gehirn braucht viel mehr Aktivität, es muss in

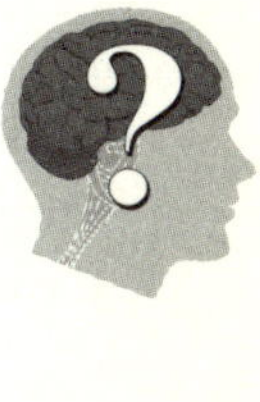

ein viel höheres Aktivitätsniveau gefahren werden, über die Stresskomponenten, über die Stresshormone, damit es diese Anforderungen überhaupt noch bewältigen kann. Das ist das Problem, dass wir um die PS-Wirkung zwar wissen, wir wissen aber auch, dass im Alter die körpereigene PS-Synthese, bei der der Körper selbst PS herstellt, nachlässt."

Gesunde Ernährung als Problem

Auch kann es bereits bei Kindern oder jüngeren Erwachsenen zur Unterversorgung mit PS in den Gehirnzellen kommen. Die Folgen sind Konzentrationsstörungen und Unaufmerksamkeit. Es klingt paradox, doch eine Ursache für die Unterversorgung scheint ausgerechnet ein allgemein als positiv anerkannter Umstand zu sein – die gesunde Ernährung!

Teufelskreis gesunde Ernährung?

Immer mehr Familien ernähren sich gesundheitsbewusst und meiden daher vor allem fett- und cholesterinreiche Lebensmittel. Was jedoch für Herz und Kreislauf gut ist, wirkt sich für den Gehalt der notwendigen Substanz PS in den Gehirnzellen fatal aus. Denn ausgerechnet diese Lebensmittel sind es, die dem Gehirn PS zuführen. Aber auch die geringere Nahrungsaufnahme im Alter versorgt den Körper nicht ausreichend mit Phospholipiden, genau wie übrigens auch bei anderen wichtigen Wertstoffen für die Gesundheit.

Verantwortungsvolle Wissenschaftler, wie Dr. Kurt-Reiner Geiß vom ISME, proklamieren deshalb nicht etwa den Rückschritt in die frühere fettreiche Ernährung. Er spricht zwar von möglichen Defiziten an PS, jedoch setzt er sich nach wie vor für eine vernünftige gesundheitsbewusste Ernährung ein. Wissenschaft und Medizin bemühen sich, auch ohne erneute Billigung früherer fettreicher Ernährung, PS-Defizite in Zukunft durch geeignete, d. h. seriöse Nahrungsmittelzusätze, auszugleichen.

Statt zuviel Fett Nahrungsergänzung

Mittlerweile ist das erste sinnvolle Nahrungsergänzungsmittel mit PS im Reformhaus verfügbar. Das Produkt stammt übrigens von einem Hersteller, der mit natürlichen Substanzen für die Gehirn- und Nervennahrung auf Basis des natürlichen Weizenkeims längste Erfahrungen hat.

Man sollte bei der Auswahl von PS-Produkten unbedingt darauf achten, dass die Substanz, auf die es primär ankommt, nämlich PS-Phosphatidylserin bzw. -cholin, ohne Zusätze, aufgeteilt in praktischen Einzeldosen, enthalten ist.

Checkliste

Wann ist PS für mich günstig?

- ❍ Wenn ich mir Namen schlecht merken kann.
- ❍ Wenn ich vor einer wichtigen Prüfung stehe.
- ❍ Wenn ich von zuviel Arbeit ausgebrannt bin.
- ❍ Wenn ich extrem fettarm esse, um die Linie zu halten.
- ❍ Wenn ich immer wenig Zeit zum Essen habe.
- ❍ Wenn ich dauernd irgendwas vergesse.
- ❍ Wenn ich im Alter weniger Appetit habe.
- ❍ Wenn ich viel zu lernen habe.
- ❍ Wenn mein Beruf mich zwingt, stets fit zu sein.
- ❍ Wenn ich öfters Schlankheitskuren mache.

Brainwalking oder Denksport

Was ist das? Ein Mann läuft auf einem Waldweg, schüttelt heftig mit dem Kopf, ruft laufend irgendwelche zufälligen Worte und wird von Mountainbikern, Nordicwalkern, und Joggern überholt? Ein Brainwalker ! Es ist schon ganz erstaunlich, wieviel Phantasie die eigentlich als nüchtern geltenden Marketingexperten sich für eine simple Tätigkeit wie Bewegung in frischer Luft einfallen lassen, wenn sie stets Neues vermarkten müssen. Früher hat man´s übrigens mit Denken versucht, eine Disziplin, die bei manchen zu den Fremdwörtern gehört. Doch sei's drum, das Kind muss einen Namen haben, damit die Leute, die immer „in" sein müssen, auch diesmal mitmachen.

Als Denksport ein alter Hut

Als „Denksport" sind Gehirnjogging und Brainwalking eigentlich ein alter Hut unserer Väter und Großmütter, doch es klingt so schön amerikanisch. Und vom Standpunkt der Verantwortung für die eigene Gesundheit her, muss ohnehin jeder vernünftige Mensch alle sportlichen Aktivitäten begrüßen.

Wieder „zu Fuß" denken

Also, Ihr Brainwalker oder Gehirnjogger: vorher etwas Theorie. Verbessert und auf

Trab gebracht werden soll vor allem das Lernen, Merken und Erinnern. Das, was in den kleinen grauen Zellen gespeichert wird und scheinbar verschwindet, soll, wenn es gebraucht wird, schnell und überall wieder verfügbar sein. Ein Computer ist nicht erlaubt, auch kein elektronischer Organizer. Wir wollen wieder – ganz wie früher – „zu Fuß" denken lernen.

Sie haben ein paar Seiten vorher gelesen, wie das Großhirn als „Massenspeicher" seine Informationen sichert. Nur gibt es die offenbar nicht immer dann wieder her, wenn wir sie gerade dringend brauchen! Entweder weil wir gerade unseren Blackout haben oder sonst wie im Stress sind.

Rechte Gehirnhälfte ist die kreative

Die rechte Hälfte des Großhirns, für Bilder zuständig, hat einen Hund gespeichert, die linke, zuständig für Fakten, dass er bissig ist. Der Hund vom rechten Teil wird erst dann als „bissig" empfunden, wenn diese Information von links dazugemischt wird, wenn die Vorstellung komplett ist. Besonders, wenn wir Fachausdrücke hören, verstehen wir nur „Bahnhof", wenn wir uns hinter dem Ausdruck nichts Konkretes vorstellen können, wenn nichts dazu Passendes auf der „rechten Platte" gespeichert ist.

Machen Sie sich ein Bild

Das Geheimnis für schnelles Erfassen und wieder Abrufen ist die Zusammenschaltung von rechter und linker Gehirnhälfte, also die Aufhebung der Trennung der zwei gegensätzlichen Hälften. Wir müssen also versuchen, von allem, was wir uns behalten wollen, ein Bild von einem Begriff zu machen. Bei einer schwarzen Katze oder einem braunen Hund ist das einfach. Schwieriger ist es bei abstrakten Begriffen oder theoretischem Wissen, wobei gute Trainer empfehlen, als „Krücke“ eigene Erfahrungen mit diesem Begriff oder Fallbeispiele als „Eselsbrücke“ zu nutzen. Wenn Sie nicht wissen, wie ein Leopard aussieht, können Sie mit dem Namen allein wenig anfangen. Ein Blick ins Lexikon oder der Besuch in einem Zoo machen das Bild komplett und das Gehirn hat beide Informationen für immer gespeichert.

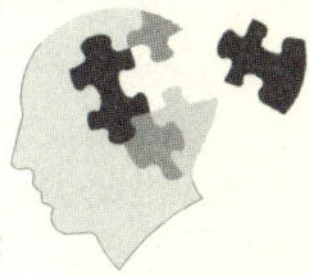

Memory für graue Zellen

Sehr gut kann man das übrigens mit dem Spiele-Oldtimer Memory schaffen, der sowohl Junge als auch Alte immer wieder fasziniert und durch keine Play-Station oder Nintendo jemals Konkurrenz bekommen hat. Hier sind auf Kärtchen Bilder abgedruckt, die verdeckt auf den Tisch gelegt werden und durch kurzes Anheben er-

kannt, gemerkt und später geraten werden. So was mag das Großhirn sehr. Ein Grund dafür, dass Memory-Anfänger ziemlich schnell zu Meistern werden.

Urlaubsfoto-Memory

Den Kärtchen-Trick können Sie auch auf andere Weise bei Urlaubs- und sonstigen Privatfotos anwenden. Einfach mit einem dicken Filzer (wischfest/permanent) hinten auf´s Bild den Ort oder die Personen schreiben und dann wie Memorykärtchen aufdecken. Ein lustiges Spiel beim Urlaubs-Bilderabend mit den Freunden. Man kann das auf zwei Arten spielen: einmal das Foto nach oben und fragen „wer oder wo war das?" Oder den Namen lesbar und fragen „wie sah das noch aus, wo war das?"

Lustiger Urlaubs-bilder-Abend

Gehirnjogging ohne Geld

Auch ohne Bücher und Denkspiele können Sie täglich spielerisch, aber wirksam ihre Merkfähigkeit trainieren. Lesen Sie doch einfach mal die Tageszeitung umgekehrt auf dem Kopf. Das anfangs kreative Chaos fordert Ihre Gehirnzellen und schon nach einiger Zeit des Trainings können Sie die Zeitung genauso schnell verkehrt herum lesen wie die normale Zeitung.

Wundern Sie sich bloß nicht, wenn Ihnen die neuen Brain-Trainer verblüffend einfache, aber wirksame Spielchen für die Hirnrinde verkaufen. Wenn Ihr Erinnerungsvermögen intakt ist, so erkennen Sie die einfachen und beliebten Ratespielchen aus der Kindheit wieder, die schon in der frühen Lebensphase das Gehirn mobilisierten.

Wirksame Kinderspielchen

Doppelwort-Kreativität

Garten**zaun**	**Zaun**könig
Königskrone	Kronenkorken
Korkgeschmack	Geschmackssache
Sachkunde	Kundenwunsch
Wunschkind	Kindergarten
Gartenbeet	Beethoven

Und so weiter und so weiter...

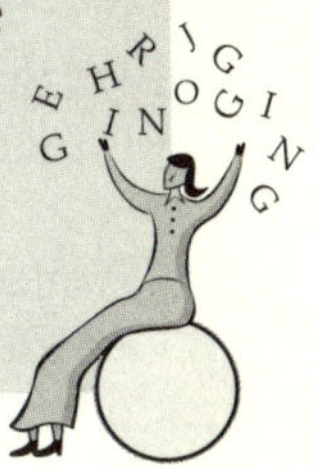

Schülerschreck für Merkfähigkeit

Wer erinnert sich nicht an das sture Auswendiglernen von Geschichtszahlen in der

Schule, das wir immer so verfluchten? Versuchen Sie doch einmal, sich bestimmte Jahreszahlen zu merken. Zum Beispiel den Hochzeitstag, den Sie jedes Jahr vergessen. Oder Termine ohne Terminkalender merken. Oder wenigstens oft benutzte Telefonnummern mal nicht aus dem Handyspeicher wählen, sondern versuchen, sie aus dem Gedächtnis zu tippen. Denn die ganzen elektronischen Speichermöglichkeiten in Telefonen, Organizern und Computern machen nur bequem und lassen die Gehirnzellen einrosten.

Öfter mal das Gedächtnis bemühen

Nächstes Jahr Notizbuch kaufen

Verschenken Sie Ihren Palm oder Organizer und kaufen sich eines von den altmodischen, aber (warum wohl) nicht ausrottbaren Notizbüchern mit Tageskalender. Schreiben Sie Ihre Termine ein, wichtige Extrakte des Tages und persönliche Bemerkungen.

„Wer schreibt, der bleibt!“, wusste bereits Goethe, und so ein Notiz-Jahrbuch ist am Ende jeden Jahres auch ein Stück Leben. Ihr Gehirn hat übrigens beim Schreiben ihre Tagesnotizen längst mitgekriegt und abgespeichert, und Sie wundern sich über Ihr Gedächtnis.

Auch ich zähle zu den Fans von Jahrbüchern und den handschriftlichen Einträgen. Der Füllhalter, Kugelschreiber oder Bleistift ist für mich der verlängerte Arm vom Gehirn auf´s Papier, ohne eine Tastatur als Gedankenhindernis. Meine besten Leitartikel habe ich nachts mit Füller auf Hotelpapier geschrieben und nicht in den Laptop. „Diretto del pensiero", Eilzug der Gedanken, sagt der Italiener.

Zum Denksport, aber marsch

Unsere folgenden Spielchen für Ihr Gehirn haben den Vorteil, dass man sie überall machen kann, am besten in froher Runde.

Notieren Sie doch mal einen Satz hintereinander, kleingeschrieben, ohne Wortabstand und ohne Satzzeichen und lesen ihn vor. Das ist anfangs gar nicht so einfach und fordert Ihr Gehirn ganz schön, richtig zu kombinieren.

esistheutzutagekeineswegseinealters
erscheinungodereinbiologischunab
wendbarerzwangwenndasgedächtnis
schwierigkeitenmacht

Was anfangs eine große Holperei ist, geht bereits beim Wiederholen flüssig und schnell. Wichtig ist, dass Sie laut lesen, denn dann haben die anderen auch was zu lachen und Sie können ihrem Gehirn nichts vorschummeln. Lesen, Analysieren, Merken und Sprechen sind hier gefordert.

Finden Sie den falschen Begriff

a) **Wer gehört nicht in diese Tierschau?**
Affe, Schildkröte, Igel, Schimpanse, Blauwal, Eichhörnchen, Fledermaus.

b) **Welches Auto darf nicht auf die Autobahn?**
Bugatti, BMW, Golf, Shirokko, John Deere, Peugeot, Corsair, Deuxchevaux, Mazda.

c) **Welcher Gott kreist nicht im Weltall?**
Pluto, Jupiter, Mars, Saturn, Zeuss, Venus, Merkur, Neptun.

d) **Welche Pflanze ist kein Küchengewürz?**
Basilikum, Gingko, Estragon, Majoran, Rosmarin, Dill.

a) Die Schildkröte ist kein Säugetier, sie legt Eier. Aber der Blauwal, hätten Sie's gewusst?
b) John Deere darf nicht auf die Autobahn, weil er ein Traktor ist.
c) Zeuss ist auch ein griechischer Gott wie die anderen, aber kein Planet.
d) Gingko ist kein Gewürz, aber eine Heilpflanze, die gut für die Gehirndurchblutung ist.

Sprichwörter richtig übersetzen

Aus diesen Beschreibungen versuchen Sie das bekannte Sprichwort zu finden:

a) Miniaturtiere produzieren ebenfalls Unrat.

b) Wiederholungen ergeben den Könner.

c) Nachtaktive Haustiere im Beutel erwerben.

d) Wer gerade gegessen hat, kann nicht gehirnjoggen.

e) Ein Körperteil hilft dem anderen, sauber zu werden.

a) Kleinvieh macht auch Mist.
b) Übung macht den Meister.
c) Die Katze im Sack kaufen.
d) Ein voller Bauch studiert nicht gerne.
e) Eine Hand wäscht die andere.

Kurzzeitgedächtnis schulen

Das Kurzzeitgedächtnis hat eine Kapazität von knapp einem Tag. Danach löscht es entweder die Information oder leitet sie an das Langzeitgedächtnis weiter. So werden unwichtige Fakten ausgefiltert. Daher fällt es uns zum Beispiel so schwer, zu sagen, was wir in der letzten Woche gegessen haben. Ein Lieblingsgericht ist natürlich schon längst im Langzeitgedächtnis gelandet. Hier ein Versuch zum Erweitern des Kurzzeitgedächtnisses:

a) Der Tag, der vor heute liegt, ist Montag. Welcher Tag ist also übermorgen?

b) Heute ist Dienstag. Welcher Tag war drei Tage vor morgen?

c) Gestern waren noch fünf Tage bis Montag. Welcher Tag ist übermorgen?

d) Übermorgen ist der sechste Tag nach Sonntag. Welcher Tag war gestern?

e) Heute ist Dienstag. Welcher Tag ist vier Tage nach gestern?

f) Übermorgen sind es noch drei Tage bis Freitag. Welcher Tag war dann vorgestern?

Rat vom Autor:
Verzweifeln Sie nicht, probieren Sie es morgen nochmal!

a) Donnerstag b) Sonntag c) Samstag
d) Mittwoch e) Freitag f) Freitag

Entwirren Sie den Buchstabensalat

Wie heißen diese europäischen Großstädte

a) Dimdar b) Bahmrug
c) Onldno d) Tesmadram
e) Kurfnrtaf f) Sirap

a) Madrid b) Hamburg c) London
d) Amsterdam e) Frankfurt f) Paris

Ihre Kreativität ist gefragt!

Suchen Sie für drei Begriffe ein gemeinsames Wort, damit neue Wörter entstehen, z. B. Backstube, Backofen, Backpulver.

……..	aufgabe	schlüssel	meister
……..	bahn	fahrer	tür
……..	löffel	topf	mütze
……..	meister	pflicht	initiative
……..	haus	hof	geber
……..	stelle	werk	stein
……..	film	ball	dose

Haus…	aufgabe	schlüssel	meister
Auto…	bahn	fahrer	tür
Koch…	löffel	topf	mütze
Bürger…	meister	pflicht	initiative
Gast…	haus	hof	geber
Bau…	stelle	werk	stein
Spiel…	film	ball	dose

Hat es Spaß gemacht?

In jedem Fall sind Ihre Gehirnzellen ganz schön durcheinander gewirbelt worden, wenn Sie alle Aufgaben durchgespielt haben. Auch unterwegs, z. B. bei langen Autofahrten, kann man sich und die ganze Familie mit Gehirnjogging beschäftigen. Es macht allen Spaß und was wichtig ist, es kostet nichts. Lassen Sie Ihrer Kreativität freien Lauf!

Index

Literatur und weitere Informationen

Bücher

Power Tool Gedächtnis, Roland R. und Oliver Geisselhart, Wallhalla-Verlag

Gedächtnistraining für Senioren, Gisela Schmidt, Don Bosco-Verlag

Gedächtnistraining, Klaus Kolb, Frank Miltner, Gräfe und Unzer-Verlag

Neurobics – Fit im Kopf, Übungen zur Leistungssteigerung des Gehirns, Laurence C. Katz, Manning Rubin, Goldmann-Verlag

50 Schritte zum besseren Gedächtnis, Franz Schumeckers, (Übungskarten Großdruck), Moses Verlag

miniLÜK, Gehirnjogging für Vorschulkinder, Karl Heinz Vogel, Michael Junga, Westermann Lernspielverlag

Der Weg zum Superhirn, Dr. med. Frank Schwebke, Gräfe und Unzer-Verlag

Zeitschrift „Geistig Fit", erscheint 6-mal jährlich im VLESS Verlag, 85560 Ebersberg. Jahresabonnement 29,90 €. Ist im Mitgliedsbeitrag der Gesellschaft für Gehirntraining von 41,- € enthalten.

Organisationen

Bundesverband Gedächtnistraining e.V., Friedensweg 3, 57462 Olpe-Dahl, Tel.: 0 27 61/82 65 55
E-Mail: info@bvgt.de, Internet: www.bvgt.de

Gesellschaft für Gehirntraining e. V., Postfach 14 20, 85555 Ebersberg, Tel.: 0 80 92/86 49 30
Fax: 0 80 92/86 49 50, Internet: www.gfg-onlide.de

IMPRESSUM
Herausgeber und verantwortlich für den Inhalt:
Bircher-Benner Verlag GmbH
Am Houiller Platz 4, 61381 Friedrichsdorf/Ts.

Redaktion: Jochen G. Bielefeld
Gestaltung: Petra Droß
Herstellung: J.G.B. profipress, Mainz
Druck: Druckerei Neubert, Bayreuth

2. Auflage 2005

QUELLEN
ORF, Modern times-magazin 17.03.2002
Die Zeit – Hirnforscher untersuchen Kaufverhalten 30.08.2004
Bild der Wissenschaft/www.wissenschaft.de
02.07.2004, 05.07.2004, 21.07.2004, 23.07.2004
Senioren-Ratgeber, 06.11.2004-09-08
3sat.de 25.09.2003
ORF.via.at 17.03.2002
BKK IKV Gehirnjogging
Verbrauchernews.de 13.09.2004